Klett

10-Minuten-Training

Deutsch Grammatik

Zeiten

5.–7. Klasse

Kleine Lernportionen für jeden Tag

Friedrun Angermaier, Ulrich Höffer, Gerhard Schwengler, Jens Sieberns, Astrid Wiese

Klett Lerntraining

Autoren:
Ulrich Höffer: Kapitel 1: Tipp S. 6, 7, 9 Aufgabe 2, 8; Kapitel 2: Tipp S. 12; Kapitel 4: Tipp S. 26; Kapitel 6: Tipp S. 46; Kapitel 7: Aufgabe 12, 14
Astrid Wiese: Kapitel 1: Aufgabe 1, 4, 9; Kapitel 2: Aufgabe 1, 4, 6, 7, 9, 10; Kapitel 3: Aufgabe 1, 4, 11, 12; Kapitel 4: Aufgabe 1, 2, 9, 10, 13; Kapitel 5: Aufgabe 1, 2, 3, 6, 7, 10; Kapitel 6: Aufgabe 1, 4, 5, 8; Kapitel 7: Aufgabe 3, 5, 7, 10, 13
Friedrun Angermaier: Kapitel 1: Tipp S. 8, 10, Aufgabe 3, 8, 10; Kapitel 2: Aufgabe 2, 8; Kapitel 3: Tipp S. 18, Aufgabe 7, 8, 9; Kapitel 4: Tipp S. 28, Aufgabe 3, 4, 5, 7
Gerhard Schwengler: Kapitel 1: Tipp S. 9; Kapitel 3: Aufgabe 10, 13; Kapitel 4: Aufgabe 11; Kapitel 6: Tipp S. 40; Kapitel 7: Aufgabe 2, 6
Jens Sieberns: Kapitel 2: Tipp S. 13 Aufgabe 3; Kapitel 3: Tipp S. 20, Aufgabe 5, 6; Kapitel 4: Aufgabe 6; Kapitel 5: Tipp S. 34, Aufgabe 4, 9; Kapitel 6: Tipp S. 41, Aufgabe 7; Kapitel 7: Aufgabe 4, 11

Bibliografische Information der Deutschen Nationalbibliothek
Die Deutsche Nationalbibliothek verzeichnet diese Publikation in der Deutschen Nationalbibliografie; detaillierte bibliografische Daten sind im Internet über http://dnb.dnb.de abrufbar.

5. Auflage 2025

www.klett-lerntraining.de/kontakt

Layout und Satz: tebitron gmbh, Gerlingen
Umschlagfotos: thomas-weccard.de; Getty Images, München (Spauln)
Druck: Plump Druck & Medien GmbH, Rheinbreitbach
Printed in Germany
ISBN 978-3-12-927574-0

Inhaltsverzeichnis

Vorwort

Hallo!

Wie ist das bei dir? Blickst du bei den deutschen Zeiten auch oft nicht so richtig durch? Und du weißt gar nicht, wie du üben sollst?

Keine Sorge, die Bildung und Verwendung der Zeiten im Deutschen kannst du in diesem Buch super üben.

Unser Tipp:
Lerne nicht alles an einem Tag. Übe lieber jeden Tag **10 Minuten**!
Das geht superschnell und du übst trotzdem intensiver als sonst.

1 In diesem Heft findest du viele Übungen, mit denen du die Bildung und Verwendung der Zeiten trainieren kannst.

Die kleine Stoppuhr erinnert dich daran: besser kleine Lernportionen!

Tipp Hier bekommst du wichtige Tipps zu den Übungen.

★☆ Leichtere Übungen haben einen Stern ★☆ und etwas schwerere Übungen haben zwei Sterne ★★. Beginne am besten mit den leichteren!

Lösungen Hinten im Buch findest du die Lösungen zu den Übungen.

Wir wünschen dir viel Erfolg!

Deine Klett Lerntraining-Redaktion

1 Das Verb

Die Personalform des Verbs

Tipp

Im Wörterbuch findest du ein Verb immer in seiner Grundform, dem **Infinitiv**. Dieser setzt sich aus dem **Wortstamm** eines Verbs und der Endung **-en** oder **-n** zusammen.
→ blüh**en**, schüttel**n**

In den meisten Fällen verwendest du Verben aber nicht im Infinitiv, sondern in abgewandelter Form. Verben lassen sich unterschiedlich abwandeln oder – wie es auch genannt wird – **beugen**. Man nennt dies auch **Konjugation**.

Du **konjugierst** ein Verb bereits automatisch, wenn du es in Verbindung mit einem Nomen oder einem Personalpronomen in der **Personalform** gebrauchst.
→ der Lehrer **lacht**; du **lachst**

1 ★☆ **Kreuze an, welche Verben in der dritten Person Singular stehen.**

a) ich gehe ☐	b) er sieht ☐	c) du fährst ☐	d) sie schreit ☐
e) wir rufen ☐	f) du ruhst ☐	g) er kommt ☐	h) sie stehen ☐
i) es steht ☐	j) wir sind ☐	k) sie sagt ☐	l) du siehst ☐

2 ★☆ **Bestimme die Personalformen.**

a) sie schwitzen – 3. Pers. Plural

b) du kochst – ______________________

c) wir üben – ______________________

d) sie grinst – ______________________

Schreibe in die Klammern, in welcher Person das Verb steht.

Thore **hat** (3. Pers. Sg.) Ferien. Er **erholt** (a) (____________________) sich gut von der Schule, die leider bald wieder **beginnt** (b) (____________________). Da fällt ihm ein, dass ihn seine Freunde dann wieder fast jeden Tag **sehen** (c) (____________________). „Dann **können** wir wieder jeden Tag miteinander reden“, (d) (____________________) murmelt Thore vor sich hin. „ **Träumst** (e) (____________________) du?“, fragt da die Mutter.

4 ★★ **Was macht man mit diesen Gegenständen? Bilde die entsprechenden Personalformen.**

a) Buch 2. Person Singular: ____________________

b) Pinsel 3. Person Plural: ____________________

c) Glas 1. Person Plural: ____________________

d) Spaghetti 3. Person Singular: ____________________

e) Kopfhörer 1. Person Singular: ____________________

Tipp

Du unterscheidest sechs Personalformen, die nach der **Person** (1., 2., 3. Person) und nach dem **Numerus** (Singular/Plural) bestimmt sind.

1. Person Singular: **ich** lache
2. Person Singular: **du** lachst
3. Person Singular: **er/sie/es** lacht

1. Person Plural: **wir** lachen
2. Person Plural: **ihr** lacht
3. Person Plural: **sie** lachen

Die Verbarten

Tipp

Bei den Verben unterscheidet man **Vollverben** und **Hilfsverben**.

- **Vollverben** (*lachen, singen*) können allein in einem Satz die Satzaussage (Prädikat) bilden:

  → Was macht er gerade? Er **arbeitet**.

- **Hilfsverben** (*sein, haben, werden*) und **Modalverben** (*können, müssen, dürfen, mögen, sollen, wollen*) benötigen ein Vollverb oder andere Wörter für eine vollständige Satzaussage:

  → Ich **bin** krank. Sie **haben** gerufen. Ihr **müsst** kommen.

5 Kennst du die unterschiedlichen Verbarten? Verbinde die Sätze mit der dazugehörigen Erklärung.

Ich zeichne.	*können* ist ein Modalverb
Ich kann zeichnen.	*werden* ist ein Hilfsverb
Ich werde zeichnen.	*zeichnen* ist ein Vollverb

6 Markiere die Modalverben und die Hilfsverben mit verschiedenen Farben.

a) Dies ist ein wildes Tier und darf auf keinen Fall gefüttert werden.

b) Wenn Ihnen übel wird, sollten Sie nicht in die Tiefe schauen.

c) Dein Monopoly-Mitspieler kann sich freuen, wenn du Miete an ihn zahlen musst.

d) Ich muss abends früher ins Bett gehen, damit ich morgens besser aufstehen kann.

Streiche jeweils das falsche Hilfsverb durch und ergänze das richtige.

a) Mein Vater ~~ist~~ uns den Spanienurlaub geschenkt. ___________

b) Unser Reiseleiter hat ein netter Spanier. ___________

c) Nicht alle in unserer Familie wird Spanischexperten. ___________

d) Nur meine Mutter sind ein Spanisch-Lexikon. ___________

e) Sie ist im Urlaub fast zu einer richtigen Spanierin. ___________

f) Die Spanienurlaube haben prima, wir sind immer sehr viel Spaß.

___________ / ___________

Tipp

Jedes Verb hat **drei Stammformen**, mit denen du alle Tempusformen bilden kannst:

1. Infinitiv	= Präsensstamm	besichtigen
2. 1. Person Sing. Prät.	= Präteritumstamm	(ich) besichtigte
3. Partizip II	= Perfektstamm	besichtigt

Die Verben bilden die Tempusformen auf verschiedene Weise. Man unterscheidet die **starke**, **schwache** und **gemischte Konjugation**. Zu welcher Konjugationsklasse das jeweilige Verb gehört, siehst du an der 2. und 3. Stammform.

Ergänze die Stammformen.

Infinitiv	Präteritum	Partizip Perfekt
klauen		
	stahl	
		entwendet

Tipp

Bei den Vollverben unterscheidest du zwischen den

- **schwachen Verben**, bei denen der Stammvokal gleich bleibt:
  l**a**chen – (ich) l**a**chte – (ich habe) gel**a**cht
- **starken Verben**, bei denen sich der Stammvokal in den beiden Stammformen der Vergangenheit ändert:
  s**i**ngen – (ich) s**a**ng – (ich habe) ges**u**ngen
  k**o**mmen – (ich) k**a**m – (ich bin) gek**o**mmen
- **Verben** mit **gemischter Konjugation**, die Merkmale von starken und schwachen Verben enthalten:
  r**e**nnen – (ich) r**a**nnte – (ich bin) ger**a**nnt.

9 ★★ **Sind diese Verben starke Verben? Kreuze an.**

a) schreiben

ja ☐ nein ☐

b) staunen

ja ☐ nein ☐

c) träumen

ja ☐ nein ☐

d) stehlen

ja ☐ nein ☐

e) hoffen

ja ☐ nein ☐

f) tragen

ja ☐ nein ☐

g) trauen

ja ☐ nein ☐

h) lügen

ja ☐ nein ☐

Unterstreiche alle Vollverben. Ordne zuerst die starken Verben mit ihren Stammformen in die Tabelle ein, dann die schwachen. Findest du auch das Verb mit der gemischten Konjugation?

Nach dem letzten Schultag vor den Sommerferien wirft Kai seine Schultasche zunächst in eine Ecke, wo sie auch die nächste Zeit bleiben wird. Puh, er hat gerade noch einmal das Schuljahr geschafft. Nun liegt er auf seinem Bett. Draußen regnet es und seine Stimmung sinkt. Soll er mit seinen Freunden ins Hallenbad gehen oder die nächsten Stunden vor dem Computer sitzen? Da klingelt das Telefon und sein großer Bruder bittet ihn, bei der Obsternte zu helfen.

Infinitiv	Präteritum	Perfekt
Starke Verben		
Schwache Verben		
Verb mit gemischter Konjugation		

2 Das Präsens

Tipp

Das Präsens drückt ein Geschehen aus, das sich in der Gegenwart ereignet.
→ Die Ferien **beginnen heute**.

Man verwendet es auch bei allgemeingültigen Aussagen.
→ Die Erde **dreht** sich um die Sonne.

Das Präsens kann ein Geschehen ausdrücken, das sich regelmäßig wiederholt.
→ Seit Jahren **beginnen** die Ferien **immer** mit einer Aufräumaktion.

Wird es zusammen mit einer Zeitangabe gebraucht, kann es auf ein Geschehen in der Zukunft verweisen.
→ **Morgen beginnen** endlich die Ferien.

Welche Sätze stehen im Präsens? Kreuze an.

a) Das Auto fuhr über die Kreuzung. ☐

b) Der Hund bellt. ☐

c) Die Frau rief. ☐

d) Die Katze ist auf den Baum geklettert. ☐

e) Die Schule wird morgen wieder beginnen. ☐

f) Die Menschen gehen spazieren. ☐

g) Jetzt scheint die Sonne. ☐

h) Gestern schien die Sonne. ☐

i) Heute hat es schon geregnet. ☐

j) Es hatte geregnet. ☐

Tipp

Du bildest das Präsens, indem du bei der Konjugation der Verben an den Wortstamm eine entsprechende **Personalendung** anhängst:

→ ich lach**e**, du lach**st**, sie lach**t**

2 ★☆ **Konjugiere das Verb *niesen* im Präsens:**

ich ______________ wir ______________

du ______________ ihr ______________

er/sie/es ______________ sie ______________

niesen

niest

niest

niese

niest

niesen

Verfahre ebenso mit *lesen*:

______________ ______________

______________ ______________

______________ ______________

3 ★☆ **Bilde die Präsensform in der angegebenen Personalform.**

a) träumen (3. Pers. Singular) *er träumt*

b) rudern (2. Pers. Plural) ______________

c) raten (2. Pers. Singular) ______________

d) wissen (1. Pers. Plural) ______________

e) lächeln (3. Pers. Plural) ______________

f) springen (1. Pers. Singular) ______________

Wandle die Verben ins Präsens um.

a) ich ging ______________ b) du gingst ______________

c) es ging ______________ d) wir gingen ______________

e) ihr gingt ______________ f) sie gingen ______________

Unterstreiche alle Zeitangaben. Ordne die Sätze den verschiedenen Funktionen des Präsens zu, indem du die Buchstaben an die passende Stelle schreibst.

Rund ums Fahrrad

a) Im Jahr 1879 erfindet H.J. Lawson das Fahrrad mit Kettenantrieb.
b) Jedes Jahr im Sommer findet die Tour de France statt.
c) In den nächsten Ferien mache ich eine mehrtägige Klettertour.
d) Fahrräder mit Kettenschaltung haben keine Rücktrittbremse.
e) Ich sitze gerade eben zum ersten Mal auf meinem neuen Mountainbike.
f) Nachher baue ich mit meinem Freund an meinem Tandem weiter.
g) Als Vorstufe des Fahrrads wird schon im Jahr 1869 das Veloziped präsentiert.
h) Gestern bei der Radtour fahre ich um eine Kurve und sehe urplötzlich mitten auf der Straße einen riesigen Bullen.

1. Das Präsens wird im Deutschen verwendet, um auszudrücken, dass etwas **gerade jetzt**, also in der **Gegenwart**, passiert.

2. Wir verwenden das Präsens auch, wenn wir sagen wollen, dass etwas immer, also grundsätzlich gilt oder immer wieder so ist, sich also wiederholt.

3. Genauso kann durch das Präsens **Zukünftiges** zum Ausdruck gebracht werden. Dies wird meist durch eine Zeitangabe klar gemacht.

4. Das Präsens kann **Vergangenes (historisches Präsens)** ausdrücken. Dies wird meist durch eine Zeitangabe deutlich gemacht. Außerdem kann es in einer Erzählung von vergangenen Ereignissen zur Spannungserzeugung verwendet werden.

6 ★☆ Setze die richtige Form von *schenken* ein.

Leon überlegt gemeinsam mit seiner großen Schwester Emma, ob sie Oma dieses Jahr nicht etwas gemeinsam (a) ______________________ sollen. „Wenn ich dir das Buch (b) ______________________, das du dir sowieso kaufen wolltest, dann sparst du dir das Geld und du (c) ______________________ mir dann die CD, die sich Mama schon so lange wünscht. Papa bekommt dann zufälligerweise die CD von mir und der (d) ______________________ sie dann Mama." Emma unterbricht Leon in seinen Überlegungen und sagt: „Leon, es geht an Weihnachten nicht darum, sich gegenseitig für wenig Geld möglichst viel zu (e) ______________________. Wir sollten uns nicht so viel (f) ______________________." Die Mutter hat das Gespräch mitgehört und unterstützt Emma. „Wenn ihr euch so viel (g) ______________________, könnt ihr Weihnachten gar nicht mehr richtig genießen."

7 ★☆ Ordne die unterschiedlichen Formen von *schenken*, die du in Aufgabe 6 eingesetzt hast, den richtigen Personen zu. Schreibe den Infinitiv gesondert auf.

1. Pers. Sg.	2. Pers. Sg	3. Pers. Sg.	1. Pers. Pl.	2. Pers. Pl.	3. Pers. Pl.

Infinitiv: ______________________________

8 ★☆ **Füge die passenden Verbformen im Präsens ein.**

Wenn du eine tiefgefrorene Pizza ____________________ (zubereiten),

____________________ (müssen) zunächst der Backofen vorgeheizt sein.

Wenn die Temperaturanzeige 250 Grad ____________________ (angeben),

____________________ (schieben) du die Pizza in den Ofen. Meine Gäste

____________________ (bevorzugen) eine knusprige Pizza.

Deswegen ____________________ (gießen) ich immer etwas Öl auf den Belag.

Erst wenn ich ____________________ (sehen), dass der Käse geschmolzen ist,

____________________ (holen) ich die Pizza aus dem Ofen.

Dann ____________________ (stürzen) wir uns heißhungrig auf die Mahlzeit.

9 ★★ **Setze die Sätze ins Präsens.**

a) Anna ist mit dem Hund spazieren gegangen.

____

b) Mia wird im August in Urlaub fahren.

____

c) Leon hatte um Hilfe gebeten.

____

d) Felix hat im Urlaub Surfen gelernt.

____

Erzähle Berrits Geschichte so, als wärst du gerade dabei. Verwende das Präsens.

Berrit war auf dem Schulweg, da sah sie ein riesiges Auto um die Ecke fahren. Offenbar transportierte es sehr wichtige Personen zu einem Termin. Auf einmal hielt das Auto dicht neben ihr, der Fahrer ließ die Scheibe herunter und fragte Berrit, wo die Konzerthalle ist. Berrit erinnerte sich an die vielen Plakate in der Stadt. In der Limousine saß sicherlich die bekannte Band, die auf den Plakaten abgebildet war.

3 Das Präteritum

Tipp

Das **Präteritum** (einfache Vergangenheitsform) benutzt du, wenn ein Geschehen in der Vergangenheit abgeschlossen wurde. Viele Erzählungen oder Märchen stehen im Präteritum:

→ Ich **putzte** mir gerade die Zähne, als das Licht **ausging**.
Es **war** einmal eine schöne Prinzessin ...

1 ★☆ **Überprüfe die Aussagen und kreuze an.**

a) Das Präteritum ist das Erzähltempus. richtig ☐ falsch ☐

b) Das Präteritum ist die unvollendete Vergangenheit. richtig ☐ falsch ☐

c) Das Präteritum ist ein anderes Wort für Präsens. richtig ☐ falsch ☐

2 ★☆ **Anne hat für die Schülerzeitung einen Bericht über eine Nachtwanderung geschrieben. Markiere die von ihr verwendeten Tempusformen.**

Nachtwanderung im Schullandheim

Die Nachtwanderung war ein besonderer Höhepunkt im Schullandheim. Wir wurden völlig unerwartet nachts um ein Uhr von unserem Lehrer, Herrn Luchs, geweckt, um uns für eine Nachtwanderung fertig zu machen. Müde und nörgelnd krochen wir aus den Betten und zogen uns, nicht gerade sehr motiviert, an. Viele wunderten sich, dass wir für die angekündigte Nachtwanderung keine Taschenlampen mitnehmen durften. Wie sollten wir uns nur in der Dunkelheit zurechtfinden? Schließlich merkten wir jedoch, dass es viel besser war, weil sich die Augen an die Dunkelheit gewöhnten und wir uns mit der Zeit tatsächlich sehr gut orientieren konnten.
Nach den ersten mühsamen Metern machte sich bei den meisten langsam der Eindruck breit, dass so eine Nachtwanderung doch etwas Besonderes war. Auch den Wandermuffeln schien diese besondere Art der Wanderung schließlich nichts mehr auszumachen, und alle aßen nachts um vier Uhr zufrieden ihre Grillwürste. Herr Luchs las uns eine Gruselgeschichte vor, die in dieser Umgebung natürlich noch unheimlicher wirkte. Den tollen Sonnenaufgang erlebten dann allerdings nicht mehr alle mit, einige schliefen bereits am Lagerfeuer.

Tipp

Bei der **Bildung** des Präteritums beachtest du:

Je nachdem, wie die einzelnen Verben ihre Präteritumformen bilden, werden sie in **schwache, starke und unregelmäßige** Verben eingeteilt.

- Schwache Verben bilden das Präteritum mit der Silbe -**te**:
  ich lach-**te**, du lach-**te**-st, er lach-**te**
- Bei **starken** Verben verändert sich der Vokal des Wortstamms:
  singen (Wortstamm: sing-) Präteritum: ich **sang**
- Bei den **unregelmäßigen** Verben in gemischter Konjugation wird im Präteritum sowohl der Stammvokal verändert als auch die Silbe -**te** an- bzw. eingefügt:
  rennen, ich rann-**te**, du rann-**te**-st

3 Ordne die markierten Wörter in die Tabelle ein.

Die Kinder der zweiten Klasse **nehmen** diese Woche die Monate im Sachunterricht **durch**. Am Mittagstisch **fragt** der Vater den kleinen Florian: „Wie **war** es heute in der Schule?“ „Wir **erfuhren** viel über die zwölf Monate“, **antwortet** Florian. „Was **gab** euch der Lehrer denn als Hausaufgabe **auf**?“, fragt der Vater. „Wir **sollen herausfinden**, welche berühmte Person am 30. Februar 1975 zur Welt **kam**“, **sagt** da Florian. **Weißt** du es?

Verben im Präteritum	Verben in anderen Zeiten
	nehmen ... durch

4 ★☆ **Ergänze die Lücken in der Tabelle.**

Präsens	Präteritum	Grammatische Person
ihr kommt		2. Person Plural
	du warst	
	ihr wolltet	
ich bleibe		
	wir fuhren	

5 ★☆ **Wandle die Präsensform in die angegebene Form des Präteritums um.**

a) träumen (3. Pers. Singular) *er träumte*

b) rudern (2. Pers. Plural) ____________________

c) raten (2. Pers. Singular) ____________________

d) wissen (1. Pers. Plural) ____________________

e) springen (1. Pers. Singular) ____________________

6 ★☆ **Starkes, schwaches oder unregelmäßiges Verb? Ordne die Präteritumformen aus der vorherigen Aufgabe in die Tabelle ein.**

stark	schwach	unregelmäßig
	er träumte	

Suche die schwachen, die starken und die unregelmäßigen Verben aus dem Text heraus. Unterstreiche sie mit unterschiedlichen Farben.

Mein Vater hat ein paar merkwürdige Gewohnheiten. Morgens denkt er sich unter der Dusche immer Witze aus. Wenn er sie dann am Frühstückstisch erzählt, finden wir sie nicht immer komisch. Dann ist er sauer und holt die Zeitung hervor. Meistens liest er dann etwas Lustiges vor, und wenn wir dann darüber lachen, bekommt er wieder gute Laune. Dann verlässt er pfeifend das Haus.

8 ★☆ **Schreibe nun die Geschichte aus Aufgabe 7 im Präteritum auf.**

Die folgenden Verben haben unterschiedliche Bedeutungen, wenn sie stark oder schwach konjugiert werden. Setze die richtige Form im Präteritum ein.

a) An der Pinnwand ______________________ (hängen) tagelang der veraltete Stundenplan. Dann erst ______________________ (hängen) der Klassenlehrer den neuen Plan auf.

b) Früher ______________________ (erschrecken) mich meine Mutter häufig, wenn sie sagte: „In diesem Jahr fällt Weihnachten aus."

Gestern ______________________ (erschrecken) ich, weil es nur noch eine Woche bis zum Fest ist und ich noch keine Geschenke gekauft habe.

c) Das Glück der Krieger ______________________ (wenden) sich, und der König ______________________ (wenden) sich an sie, um ihnen Mut zuzusprechen.

10 ★★ **Setze die Sätze ins Präteritum.**

a) Die Arbeiter fällen den Baum und dann fällst du darüber.

____

____

b) Du beugst das Nomen. Ich biege den Stahl.

____

c) Das Kind setzt sich auf den Stuhl. Dann sitzt es da und guckt.

____

____

11 ★☆ **Unterstreiche alle Verben, die im Präsens stehen, und alle Verben, die im Präteritum stehen, mit unterschiedlichen Farben.**

Tim schaut sich gerne Berichte über die Vergangenheit im Fernsehen an. Dabei erfährt er, wie die Menschen damals lebten. Vor einigen Tagen sah Tim einen Bericht über das Mittelalter. Die Menschen hatten damals viel mehr Probleme mit Krankheiten als heute. Dass wir damit heute weniger Probleme haben, liegt sicher auch daran, dass die Medizin heute viel weiter ist. Tim liest im Fernsehprogramm, dass morgen ein Bericht über die Steinzeit im Fernsehen läuft. Er erfährt dann, wie die Menschen in der Steinzeit Werkzeuge herstellten.

12 ★★ **Bilde nun mit jedem Verb im Präteritum aus Aufgabe 11 einen neuen Satz.**

Sieh dir die Satzpaare an. Setze im ersten Satz jeweils das angegebene Verb ins Präteritum und ergänze dann im zweiten Satz das passende Nomen.

Auf dem Reiterhof

a) Ganz früh am Morgen (reiten) ________________ wir mit unseren Pferden aus.

Welch ein herrlicher ________________ über die grünen Wiesen!

b) Über einem Hindernis (reißt) ________________ sich Brigitte die Hose auf.

Den ________________ nähte danach ihre Mutter mit einem Flicken zu.

c) Auf dem Turnierplatz (streichen) ________________ Anna und Lena die Hindernisse an.

Der Trainer lobte sie: „Den ________________ habt ihr gut hinbekommen."

d) Dabei (pfeift) ________________ er anerkennend durch die Zähne.

Aber es war nur ein leiser ________________, den die anderen leider nicht hörten.

e) Im Stall (greift) ________________ Max dem Schimmel in die dicke Mähne.

Aber den ________________ bemerkte der Schimmel gar nicht.

f) Nur ein kleines Tierchen (flieht) ________________ springend davon.

Zum Glück gelang ________________.

14 ★★ **Jonas hat in seinem Erlebnisaufsatz zwar durchgehend in der Vergangenheit erzählt, jedoch nicht das Präteritum verwendet, wie das beim schriftlichen Erzählen eigentlich gefordert ist. Berichtige den Ausschnitt aus seinem Aufsatz, indem du die zu ersetzenden Formen einklammerst und die richtigen an der entsprechenden Stelle darüberschreibst.**

waren

Als wir neulich mit der Klasse im Theater (gewesen sind) und gerade eine ganz ruhige und spannende Szene gespielt worden ist, hat auf einmal ein Handy geklingelt. Die ganze Spannung ist wie weggeblasen gewesen, überall ist in Hosentaschen und Jacken gesucht worden, aber die Quelle des Klingeltons hat sich irgendwie nicht finden lassen.

Unsere Lehrerin hat schon recht böse von einem Schüler zum anderen geschaut, aber keiner ist sich einer Schuld bewusst gewesen. Nach einer Ewigkeit, so ist es mir zumindest vorgekommen, hat mich Felix, der neben mir gesessen hat, mit dem Ellenbogen in die Seite gestoßen und mit dem Finger auf die Bühne gezeigt. Ganz im Hintergrund hat man da einen Schauspieler mit etwas in der Hand gesehen – eben mit einem Handy. „Da sind wir auf den Gag des Regisseurs ja ganz schön reingefallen", habe ich Felix irgendwie erleichtert zugeflüstert.

4 Das Perfekt

Tipp

Das **Perfekt** verwendest du, wenn du ein Geschehen ausdrücken willst, das zwar in der Vergangenheit abgeschlossen ist, dessen Ergebnis oder Folge aber bis in die Gegenwart fortwirken:

→ Du **hast** den ganzen Nachmittag **gelernt**.
Folge: Jetzt beherrschst du die Vokabeln.

Es wird auch oft in Verbindung mit dem Präsens verwendet und drückt dann die Vorzeitigkeit aus: Es verweist auf ein Geschehen in der Vergangenheit, das einem gegenwärtigen oder zukünftigen Ereignis vorausgeht.

→ Der Film, den ich **gestern** im Kino **gesehen habe**, läuft heute / morgen im Fernsehen.

Markiere alle Sätze, die in der Vergangenheit stehen.

Betreute Feriencamps sind super. Hier können Kinder ohne ihre Eltern Urlaub machen. Wir haben uns alle gut verstanden. Viele haben sogar richtig gute Freunde gefunden. Besonders die gemeinsamen Ausflüge haben Spaß gemacht. Nächstes Jahr will ich wieder ins Feriencamp.

Tipp

Das Perfekt ist eine zusammengesetzte Zeit, für die du die 3. Form des Verbs (**Partizip Perfekt**) zusammen mit der konjugierten Form der Hilfsverben *haben* und *sein* brauchst:

→ Ich **habe** mir immer die Zähne **geputzt** und **bin** heute mit gutem Gewissen zum Zahnarzt **gegangen**.

Bei der **Bildung** des Perfekts beachtest du:

- **schwache Verben** bilden das Perfekt mit der Endung **-t**:
  erleben – (ich) erlebte – (ich **habe**) erleb**t**
- **starke Verben** bilden das Partizip mit der Vorsilbe **ge-**:
  sehen – (ich) sah – (ich **habe**) **ge**sehen
- **unregelmäßige Verben** enthalten beide Kennzeichen:
  kennen – (ich) kannte – (ich **habe**) **ge**kann**t**

Kreuze alle Sätze an, die im Perfekt stehen.

a) Gestern war ich in der Schule. ☐

b) Gestern war ich in der Schule gewesen. ☐

c) Gestern bin ich in der Schule gewesen. ☐

d) In der ersten Stunde haben wir Mathe gehabt. ☐

e) In der ersten Stunde hatten wir Mathe gehabt. ☐

f) In der ersten Stunde hatten wir Mathe. ☐

g) Ich habe den Bus verpasst. ☐

h) Ich hatte den Bus verpasst. ☐

Unterstreiche die Perfektformen.

a) Wir haben uns gerade eine Pizza warm gemacht, weil wir so großen Hunger haben.

b) Meine Katze hat eine Wunde am Fuß, weil sie in einen Dorn getreten ist. Sie hat sich aber sehr gewehrt, als ich ihn herausziehen wollte.

c) Mein Vater hat erst nicht geglaubt, dass ich heute zwei Tore geschossen habe. Aber jetzt ist er stolz auf mich.

Unterstreiche in Toms Erzählung alle Prädikate, die im Perfekt stehen.

★☆

Mir sitzt jetzt noch der Schreck in den Knochen. Denn glücklicherweise hat der Radfahrer noch gebremst. Benni ist zwar hingefallen, aber er hat nur einen Stoß an seiner Schulter abbekommen. Der Radler ist dann weggerannt und hat sein Rad liegen gelassen. Kurze Zeit später ist die Polizei eingetroffen und hat den Vorgang zu Protokoll genommen. Ich bin wirklich froh, dass die Sache so gut ausgegangen ist.

5 Bilde das Perfekt.

★☆

a) schreiben ich ______ ______

b) gehen du ______ ______

c) lachen sie ______ ______ (3. Pers. Plur.)

d) steigen wir ______ ______

e) rufen ihr ______ ______

f) fahren sie ______ ______ (3. Pers. Sing.)

6 ★☆ ***haben* oder *sein*? Setze die Verben mit dem richtigen Hilfsverb in das Perfekt der vorgegebenen Personalform.**

a) reiten (1. Pers. Singular)

ich bin geritten

b) verschwinden (3. Pers. Singular)

____

c) verschlafen (1. Pers. Plural)

____

d) abwaschen (2. Pers. Singular)

____

e) rutschen (1. Pers. Singular)

____

7 ★☆ **Tom erzählt, wie es zu dem Unfall seines Mitschülers Benni gekommen ist. Füge das Partizip Perfekt ein.**

Gestern habe ich einen Unfall ____________________ (erleben). Ich bin gerade über den Zebrastreifen bei der Schule ____________________ (laufen), als ein Radfahrer herangerast kam. Ich bin schnell ____________________ (zurückspringen), aber Benni hat das Rad nicht so schnell ____________________ (sehen).

8 ★☆ **Bilde von diesen Verben jeweils das Partizip Perfekt und ordne es einer der vier Kategorien zu.**

gratulieren | stehlen | ausruhen | verstehen

erklären | kommentieren | ärgern | erzählen

schreiben | entlarven | kapieren | vortäuschen

unterjubeln | unterbrechen | klären | einschlafen

a) Partizip ohne Vorsilbe:

gratuliert, ____

____

b) Partizip mit Vorsilbe ge-:

gestohlen, ____

____

c) Partizip mit erhaltener Vorsilbe (wie beim Infinitiv):

verstanden, _______________________________________

____

d) Partizip mit erhaltener Vorsilbe und eingefügter Silbe -ge-:

ausgeruht, ____

____

Auf Mias Geburtstagsfeier ist das Chaos ausgebrochen, denn den meisten Gästen ist ein Missgeschick passiert. Unterstreiche in jedem Satz das Verb im Perfekt.

a) Tom hat ein Glas mit Saft umgeworfen.

b) Lea ist in die Torte gefallen.

c) Nele hat sich mit Ketchup bekleckert.

d) Fynn ist gegen den Topf mit den Würstchen gerannt.

e) Kai hat sich in den Tomatensalat gesetzt.

f) Paula hat den Putzeimer über Rita ausgeleert.

g) Achmet hat den Tellerstapel umgeworfen.

h) Erik ist durch das Rosenbeet getrampelt.

Setze die Perfektform des in Klammern angegebenen Verbs ein. Dann erfährst du, was andere Gäste bei Mias Party gemacht haben.

a) Lara ________ sich an der Tischdecke ______________________. (festhalten)

b) Hanna ________ Kerzenwachs auf den Teppich ________________. (schütten)

c) Marie ________ den Wellensittich __________________________. (freilassen)

d) Lucas ________ gegen die antike Vase ______________________. (laufen)

Füge die Verben in Klammern im Perfekt ein.
Wer erzählt hier aus seinem Leben?

a) Ich __________ ein Wortewurstler und Worteverdreher

____________________ (sein).

b) Ich __________ die Geldgier eines Spitalbesitzers ____________________

(entlarven).

c) Ich __________ in einem Bienenkorb ____________________

(schlafen).

d) Die Leute __________ mich ____________________ (auslachen).

e) Ich __________ mich an ihnen ____________________ (rächen).

Du hast sicher schon herausgefunden, dass hier Till Eulenspiegel auf sein Leben und seine Taten zurückblickt. Er erzählt selbst und so lebendig, als ob wir ihm gegenüberstünden.

Schreibe den Text ab. Wandle dabei die Präsensformen in Perfektformen um.

Wie der FC Bayern Meister geworden ist

Meistertitel sammeln die Münchner Bayern am Fließband. Der Lorbeer der Konkurrenz verwelkt. Titel in Serie: Keinem gelingt das bisher. Und keiner begrüßt mehr Zuschauer, keiner verdient mehr, keiner gewinnt häufiger und bleibt länger ungeschlagen. Der FC Bayern verleiht der Bundesliga Glanz. Was kann die Mannschaft dafür, dass die Gegner so schwach auf der Brust sind? Gleich zu Beginn setzen sich die Münchner an die Spitze, zu früh, wie der Trainer findet.

5 Das Plusquamperfekt

Tipp

Das **Plusquamperfekt** steht in enger Verbindung zum Präteritum.
Du verwendest es, wenn du von einem Ereignis oder einem Geschehen berichtest, das noch weiter zurückliegt als die Ereignisse, von denen in der Vergangenheit erzählt wird:

→ Der Hund, der einen Knochen **ausgegraben hatte**, kaute darauf herum.
Nachdem Jonas **telefoniert hatte**, lernte er weiter.

Kreuze Sätze an, in denen das Plusquamperfekt richtig verwendet wurde.

a) Bevor ich mit dem Hund beim Tierarzt gewesen war, habe ich ihn beruhigt.

richtig ☐ falsch ☐

b) Nachdem ich mit dem Hund beim Tierarzt gewesen war, haben wir einen ausgiebigen Spaziergang gemacht.

richtig ☐ falsch ☐

c) Bevor meine Schwester den Führerschein gemacht hat, war sie häufiger mit dem Fahrrad unterwegs gewesen.

richtig ☐ falsch ☐

d) Nachdem meine Schwester den Führerschein bestanden hat, war sie meistens mit dem Auto gefahren.

richtig ☐ falsch ☐

Tipp

Du bildest das Plusquamperfekt mit der Personalform der Hilfsverben *haben* oder *sein* – allerdings im Präteritum – und dem **Partizip Perfekt** eines Vollverbs:

→ Du **hattest gelernt**. Du **warst geschwommen**.

2 ★☆ **Unterstreiche die Formen die im Plusquamperfekt stehen.**

a) er war gelaufen	b) es hat geregnet	c) es hatte geregnet,
d) wir singen	e) du warst gelaufen	f) sie konnte,
g) ihr habt gerufen	h) sie hatten gesagt	i) er lief,
j) du hattest geschlafen	k) ich schreibe	l) es schneit

3 ★☆ **Kreuze richtige Aussagen an.**

a) ☐ Das Plusquamperfekt ist eine Präsensform.

b) ☐ Das Plusquamperfekt ist die vollendete Vergangenheit.

c) ☐ Das Plusquamperfekt ist die unvollendete Vergangenheit.

d) ☐ Das Plusquamperfekt ist unwichtig.

e) ☐ Das Plusquamperfekt bildet man aus einer Präsensform von *haben / sein* und dem Partizip II des Verbs.

f) ☐ Das Plusquamperfekt bildet man aus einer Präteritumform von *haben / sein* und dem Partizip II des Verbs.

4 ★☆ **Ergänze die entsprechende Form des Plusquamperfekts.**

a) du liest ______________________

b) wir sind gerannt ______________________

c) ich werde helfen ______________________

d) ihr frort ______________________

e) sie gehen ______________________

Ergänze das Tempus und das Plusquamperfekt der angegebenen Verben.

Verbform	Tempus	Plusquamperfekt
er segelt	*Präsens*	*er war gesegelt*
sie werden landen		
er erspäht		
ich berechnete		
ihr werdet sehen		
wir haben gehofft		
du zweifeltest		

6 ★☆ **Bevor auf Mias Geburtstagsfeier alles durcheinandergeriet, war alles in bester Ordnung gewesen. Unterstreiche die Verben, die im Plusquamperfekt stehen.**

a) Bevor Tom das Saftglas umgeworfen hat, hatte er über Laras Witz gelacht.

b) Bevor Lea in die Torte gefallen ist, hatte sie Hanna auf die Schulter geklopft.

c) Nachdem Nele mit Leon gemalt hatte, hat sie sich mit Ketchup bekleckert.

d) Nachdem Fynn mit Marie den Wellensittich gefüttert hatte, ist er gegen den Würstchentopf gerannt.

e) Bevor sich Kai in den Tomatensalat gesetzt hat, hatte er mit Lucas die antike Vase bewundert.

7 ★☆ **Mia ist nach ihrer Geburtstagsfeier ganz aufgeregt und erzählt alles ihrer Tante. Setze die Plusquamperfektform des Verbs ein, das in Klammern steht.**

a) Marie ________________ den Wellensittich __________________________.
(freilassen)

b) Lucas ________________ gegen die antike Vase __________________________.
(laufen)

c) Kai ________________ sich in den Tomatensalat __________________________.
(setzen)

d) Nele ________________ sich mit Ketchup __________________________. (bekleckern)

Tipp

Plusquamperfekt – ein komisches Wort?!
Plusquam ist ein lateinisches Wort und bedeutet **mehr als**. Im wörtlichen Sinn heißt Plusquamperfekt also mehr als Perfekt (d. h. mehr als die Vergangenheit). Daher nennt man dieses Tempus auch **Vorvergangenheit**.

8 ★★ **Der folgende Text ist im historischen Präsens verfasst. Schreibe ihn um und setze ihn ins Plusquamperfekt.**

Kolumbus erwirbt sich hervorragende Kenntnisse über Navigation und Geografie. Er stellt eigene Berechnungen an. Er berücksichtigt dabei die Kugelgestalt der Erde. Er ist sich sicher, einen kürzeren Weg nach Indien errechnet zu haben. Er reist zum spanischen Hof, um dort Unterstützung zu erhalten. Er rüstet drei Schiffe mit gut neunzig Mann aus. Er rechnet eine Fahrtdauer von etwa drei Wochen aus.

Bevor Kolumbus im Jahr 1492 nach Indien aufbrach und schließlich nach 36 Tagen in Amerika landete, hatte er einiges für die Vorbereitung der Reise getan.

Kolumbus hatte sich ...

9 ★★ **Präteritum oder Plusquamperfekt? Ergänze die Verben in der richtigen Zeitform.**

Michael ____________________ (sein) richtig sauer. Er ____________________ (jubeln), als er endlich genug Geld ____________________ (sparen), gestern ins Kaufhaus ____________________ (gehen) und sich das ersehnte Computerspiel ____________________ (kaufen). Und nun ____________________ (lassen) sich das Spiel auf seinem Computer nicht starten. Der Verkäufer ____________________ (sagen), dass es ganz leicht zu installieren sei. Michael ____________________ (befolgen), was die Installationshinweise ____________________ (vorschreiben). Er ____________________ (wissen) schon gar nicht mehr, wie oft er auf „Start" ____________________ (klicken). Wie ____________________ (können) er das neue Spiel auf seinem Rechner nur zum Laufen bringen?

10 ★★ **Bilde aus den vorgegebenen Informationen Sätze, in denen du das Perfekt und das Plusquamperfekt verwendest.**

a) Sophie – (14.00 Uhr) Reitstunde – (18.00 Uhr) Besuch von Oma bekommen

____

____

b) David – (17.00 Uhr) zum Nachhilfeunterricht gehen – (14.00 Uhr) Handballtraining

____

____

6 Das Futur

Das Futur I

Tipp

Das **Futur I** kündigt ein kommendes Geschehen an. Du kannst das Futur I auch verwenden, um einen Wunsch oder eine Vermutung auszusprechen. Oft wird es durch das Präsens mit Zeitangaben ersetzt.

→ Wir **werden** bald wieder zu Hause **sein**.
Du **wirst** jetzt deine Hausaufgaben **machen**!
Das **wird** sehr anstrengend **werden**.

 ★☆ **Familie Hansen diskutiert den Zielort des nächsten Urlaubs. Unterstreiche alle Futurformen.**

Jojo: „Wir werden nach Spanien fahren. Dort werden wir jeden Tag am Strand liegen und wir werden uns wunderbar entspannen." Pia: „Ich werde mich nicht noch einmal in ein Flugzeug setzen. Wir werden Urlaub machen, wo man problemlos mit dem Reisebus hinkommt. Wir werden nach Belgien fahren. Dort werden wir uns das Land anschauen." Kai: „Ich werde hierbleiben, wenn die Streiterei nicht aufhört!"

 ★☆ **Unterstreiche im Text alle Personalformen schwarz und alle Infinitive blau.**

Der Schulweg in hundert Jahren

Wie werden die Schülerinnen und Schüler in hundert Jahren wohl zur Schule gehen? Wird man sie auf motorisierten Skateboards herumsausen sehen? Werden sie mit einem Düsenrucksack heranschweben? Wird man sie mit Flugzeugen zur Schule bringen? Wird es statt Bürgersteigen Laufbänder geben? Oder werden die Eltern sie gar in die Schule beamen?

Auch der folgende zweite Teil des Textes bezieht sich auf Zukünftiges, ist allerdings im Präsens formuliert. Schreibe diesen Teil ab und ersetze dabei die Präsensformen durch Futurformen.

Vielleicht gehen aber die Schülerinnen und Schüler in hundert Jahren überhaupt nicht mehr in die Schule, sondern die Schule kommt sozusagen zu ihnen – zum Beispiel über das Internet. Dann ist es nicht mehr nötig, sich Gedanken über den Schulweg zu machen. Ob sich die Kinder und Jugendlichen wohl darüber freuen?

Vielleicht ______________________________

Tipp

Du bildest das Futur I, indem du eine Personalform des Hilfsverbs *werden* im Präsens mit dem Infinitiv des Vollverbs verknüpfst:

→ Ich **werde** dir **helfen**.
Du **wirst gewinnen**.
Sie **werden absteigen**.

4 ★☆ **Überprüfe Pauls Aussagen über das Futur.**

a) Das Futur ist eine der drei Vergangenheiten.

richtig ☐ falsch ☐

b) Das Futur verwendet man, um zu sagen, was in der Zukunft passieren wird.

richtig ☐ falsch ☐

c) Das Futur wird gebildet mit einer Vergangenheitsform von *haben/sein* und dem Partizip II des Verbs.

richtig ☐ falsch ☐

d) Das Futur wird gebildet mit einer Form von *werden* und dem Partizip II.

richtig ☐ falsch ☐

e) Das Futur wird gebildet mit einer Form von *werden* und dem Infinitiv.

richtig ☐ falsch ☐

5 ★☆ **Was möchten die Kinder zum Schutz der Tiere und der Umwelt tun, wenn sie erwachsen sind? Ergänze die Lücken mit den angegebenen Verben im Futur I.**

a) Sarah: „Wenn ich erwachsen bin, ________________ ich einen Park zum Schutz aller seltenen Tiere ________________." (gründen)

b) Jonas: „Wenn ich erwachsen bin, ________________ ich ein Auto ________________ (erfinden), das die Umwelt nicht verschmutzt."

c) Lara: „Wenn ich erwachsen bin, ________________ ich eine Maschine ________________ (bauen), die die Luft reinigt."

Ins Haus der Zukunft kommst du durch zwei Türen (= zwei Tempora). Ordne die Tempusformen des folgenden Textes entsprechend zu, indem du sie auf die jeweilige Tür schreibst.

Wie wird das Haus der Zukunft wohl aussehen? Betritt man es noch durch Türen? Öffnet man noch Fenster, um zu lüften? Wird es direkte – vielleicht sogar unterirdische – Verbindungen vom Kühlschrank zum Supermarkt geben, sodass man nicht mehr zum Einkaufen gehen wird?

Oder bestehen zukünftige Häuser nur noch aus zwei oder drei Räumen, die man per Knopfdruck in einen anderen verwandelt – also zum Beispiel die Küche in ein Arbeitszimmer oder das Wohnzimmer in ein Badezimmer? Wird man im Haus der Zukunft mehr Spielmöglichkeiten für Kinder haben? Wird es noch Bücherregale oder nur noch Videoleinwände geben? Vielleicht wirst du ja einmal Architekt und stellst dir dann solche Fragen.

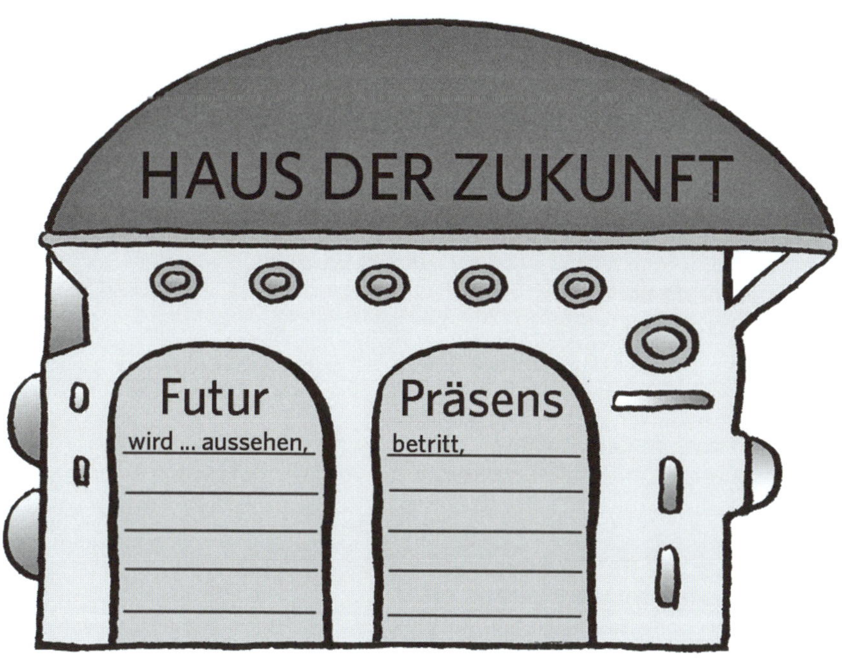

7 ★★ Verbinde.

1. ich bin gestürzt	a) 3. Pers. Singular Futur
2. du hattest gehofft	b) 2. Pers. Plural Perfekt
3. ihr habt geschlafen	c) 2. Pers. Singular Präsens
4. er wird zurückkommen	d) 3. Pers. Plural Präteritum
5. wir werden abreisen	e) 1. Pers. Singular Perfekt
6. du trinkst	f) 1. Pers. Plural Futur
7. sie schwammen	g) 2. Pers. Singular Plusquamperfekt

8 ★★ Jonas stellt sich nicht nur vor, was er tun wird, sondern auch, was die Menschen in seinem Umfeld tun werden. Wandle die folgenden Sätze in Futursätze um.

a) Ich erfinde ein Auto, das der Umwelt nicht schadet.

____

b) Du, Lara, entdeckst, wie man Müll vermeiden kann.

____

c) Mein Bruder erforscht den Klimawandel.

____

d) Wir sorgen uns um die Umwelt.

____

e) Ihr, liebe Eltern, lernt viel.

____

Schreibe in vollständigen Sätzen auf, wie die Kinder ihre Ferien verbringen werden.

a) Lisa (ans Meer fahren)

___

b) Paul und Max (eine Fahrradtour machen)

___

c) Amelie (ins Waldheim gehen)

___

d) Lina und Felix (zu Hause bleiben)

___

e) Lukas (die Großeltern besuchen)

___

f) Marie (in den Bergen wandern)

___

g) Julian und Ben (am Fußballcamp teilnehmen)

___

h) Anna (nach Paris reisen)

___

Futur II

Tipp

Das Futur II wird mit der Personalform (Präsens) von *werden*, dem Partizip Perfekt des Verbs und dem Infinitiv von *haben* oder *sein* gebildet.

→ Übermorgen **werden** die Ferien schon **begonnen haben**.

Das Futur II bezeichnet ein abgeschlossenes Geschehen, das in der Zukunft liegt. Es wird im Deutschen nur selten gebraucht. Oft kannst du es durch das Perfekt ersetzen.

→ In der **nächsten Woche werden** wir das Projekt **abgeschlossen haben**.
In der **nächsten Woche haben** wir das Projekt **abgeschlossen**.

Wandele die Sätze ins Futur II um.

a) Malte hat sein Buch vergessen.

____

b) Mia war zu Hause.

____

c) Jan hatte Windpocken.

____

d) Paul hat seinen Vertrag gekündigt.

____

e) Die Mannschaft hat das Spiel verloren.

____

f) Leonie hat sich verbessert.

____

7 Gemischte Übungen

Fülle die Lücken im Text. Achtung: Du brauchst nicht alle Wörter!

mündlichen | Präteritum | Futur | Vergangenheit | Zukunft | schriftlichen

Die Zeitstufe ______________________ kann im Deutschen durch verschiedene Tempora zum Ausdruck gebracht werden. Vor allem bei ______________________ Berichten oder Erzählungen verwendest du dabei das ______________________:

Sie **wunderten** sich, sie **waren** müde, sie **schliefen** bereits.

2 ★☆ **Stelle fest, zu welcher Zeitstufe das Tempus jeweils gehört. Trage unten die entsprechende Satznummer ein.**

Krawattenrekord

1. Umberto Sala, italienischer Textilfabrikant, **hatte** dem Schiefen Turm von Pisa den größten Schlips der Welt **verpasst**.
2. Dazu **verwendete** er eine 44 m lange Stoffbahn in den italienischen Nationalfarben.
3. Für den Knoten **brauchte** er mehrere Tage.
4. Sala **plant** ein noch größeres Schlips-Abenteuer.
5. Als Nächstes **wird** er der New Yorker Freiheitsstatue an den Hals **gehen**.

Zeitstufe	Satznummer
Vergangenheit:	______________________
Gegenwart:	______________________
Zukunft:	______________________

Ordne die folgenden Formen in die Tabelle ein.

du wirst gehen, wir sehen, ich habe gelacht, sie schrie, du hattest gerufen, ihr seid gegangen, ich schreibe, wir hatten geschlafen, ihr hattet, es ist gelaufen, ihr werdet lachen, sie waren gerannt, ich las, du hast gespielt, er kocht, ich werde schwimmen, ich hatte geweint, wir werden sagen, sie lernten, du schriest, du kaufst, sie hatte geschlafen, sie werden fahren, wir sind gerannt, sie waschen, ihr wart gelaufen, sie haben gegessen, wir holten, ihr ruft, er wird waschen

	Präsens	Präteritum	Perfekt	Plusquamperfekt	Futur
1. Pers. Sg.					
2. Pers. Sg					du wirst gehen
3. Pers. Sg.					
1. Pers. Pl.					
2. Pers. Pl.					
3. Pers. Pl.					

Bilde Verbketten wie im Beispiel.
(Abkürzungen: *Singular* = Sg.; *Plural* = Pl.
***Präsens* = Präs.; *Präteritum* = Prät.; *Futur* = Fut.;**
***Perfekt* = Perf.; *Plusquamperfekt* = Plusq.)**

turnen		
1. Pers. Pl. Plusq. *wir hatten geturnt*	2. Pers. Sg. Plusq. *du hattest geturnt*	2. Pers. Sg. Präs. *du turnst*
kennen		
3. Pers. Pl. Fut.	1. Pers. Sg. Perf.	1. Pers. Sg. Prät.
rufen		
1. Pers. Pl. Prät.	1. Pers. Pl. Plusq.	3. Pers. Sg. Plusq.
zerreißen		
2. Pers. Pl. Perf.	1. Pers. Sg. Fut.	3. Pers. Sg. Fut.
essen		
3. Pers. Sg. Fut.	3. Pers. Sg. Plusq.	3. Pers. Sg. Prät.
aufstehen		
2. Pers. Sg. Perf.	2. Pers. Pl. Perf.	2. Pers. Pl. Plusq.
gratulieren		
2. Pers. Pl. Plusq.	2. Pers. Pl. Prät.	3. Pers. Pl. Prät.

Bilde mit den angegebenen Informationen drei kurze Sätze.

a) 2. Pers. Pl. Präteritum (haben)

____

b) 3. Pers. Sg. Futur (aufpassen)

____

c) 2. Pers. Sg. Plusquamperfekt (gehen)

____

Nummeriere die Sätze in der richtigen zeitlichen Reihenfolge.

Elefantenschule

[8] dürfen sie später als Paradetiere bei religiösen Festen auftreten.

[ ] Nachdem man sie eingefangen hatte,

[ ] muss büßen.

[ ] Das bekamen einige indische Elefanten zu spüren,

[ ] Wenn sie „anständiges Benehmen gegenüber den Menschen" gelernt haben,

[ ] die in den letzten Wochen großen Schaden angerichtet hatten.

[ ] mussten sie drei Wochen lang eine „Elefanten-Schule" besuchen.

[1] Wer sich zu wild gebärdet,

Schreibe in die Klammern in welcher Person und Zeit die Verben stehen.

Johannes liest (*3. Pers. Sg. Präsens*) gerne Bücher über Dinosaurier. Er hat sich schon für die urzeitlichen Wesen interessiert (a) (____________________), als er noch gar nicht lesen konnte (b) (____________________). Seine Großeltern hatten ihm damals vorgelesen (c) (____________________). Wenn heute die Großeltern zu Besuch kommen, erinnern (d) (____________________) sich alle an diese Zeit. Johannes sagt dann zu seinem Großvater, den er sehr gerne hat: „Weißt (e) (____________________) du, wie der größte Raubsaurier heißt?" Der Großvater antwortet dann mit einem Lächeln im Gesicht: „Ihr jungen Leute könnt (f) (____________________) euch solche Dinge merken. Ich bin zu alt dafür." Johannes sagt dann: „Wir waren (g) (____________________) alle jünger und auch du wirst dir merken (h) (____________________), wie der größte Raubsaurier heißt. Ich werde dich, wenn wir uns das nächste Mal sehen, wieder danach fragen (i) (____________________)."

Verbinde die richtigen Sätze und schon hast du die wichtigsten Regeln zum Futur.

1. Mit dem **Tempus Futur** kannst du auf
2. Das Futur gehört zu den
3. Seine Bestandteile sind die **Personalform des Hilfsverbs** *werden* im Präsens und

a. zusammengesetzten Tempusformen.
b. der **Infinitiv** des Verbs, das den Vorgang oder Zustand bezeichnet
c. **Zukünftiges** (zukünftige Ereignisse, Vorgänge, Zustände) verweisen.

Verbinde die Satzhälften zum Thema Perfekt.

★☆

1. Neben dem Präteritum können wir auch das Tempus **Perfekt** verwenden, um
2. Dies geschieht zumeist dann, wenn wir **mündlich** erzählen und
3. Das Perfekt ist ein
4. Es wird gebildet mit der Personalform des **Hilfsverbs** *haben* oder *sein* im **Präsens** und

a. zusammengesetztes Tempus.
b. Vergangenes zum Ausdruck zu bringen.
c. dem **Partizip Perfekt** des Verbs.
d. uns im Gespräch auf die **Vergangenheit** beziehen.

Ergänze die Sätze mit passenden Verben in der richtigen Zeitform.

★☆

warten | treffen | verspäten | kommen | helfen | spielen | fahren | beginnen | gehen

Sophie und Lena (a) ____________________ schon lange gemeinsam zum Cellounterricht.

Sophie (b) ______________ früher mit dem Musizieren ______________ als Lena. Darum (c) ________________ Sophie auch ein bisschen besser.

Sie (d) ______________ Lena aber oft. Sophie (e) _________________ immer auf Lena an der Bushaltestelle. Die beiden (f) __________________ sich immer dort.

Der Bus (g) ______________ und der Bus (h) ______________ heute ohne Lena. Sie (i) ______________ sich schon wieder ______________ .

Ergänze die Sätze mit den passenden Verben. Achte dabei auf das richtige Tempus.

werfen	trotten	beschnüffeln	machen	wollen
unterdrücken	sagen	flüstern	wandern(2x)	tauchen
rühren (2x)	sein	kommen	geben	bekommen
klettern	sollen	stellen	halten	wissen

Zwei Freunde ________________ einst miteinander den gleichen Weg. Da

________________ plötzlich von ihnen ein Bär auf, und voller Angst

________________ der eine von ihnen auf einen Baum. Der andere aber

________________ sich zur Erde nieder und ________________ sich tot.

Der Bär ________________ ihn mit der Schnauze von den Ohren bis an die Fußsohlen. Aber weil der Mann sich nicht ________________ und auch mit aller Kraft

den Atem ________________ , ________________ er Ihn für tot und

________________ davon. Denn der Bär, ________________ man,

________________ einen Toten nicht an. Als der Bär längst außer Sicht

________________ , ________________ der andere von seinem Baum herunter

und ________________ ________________ , was ihm das Tier denn ins Ohr

________________ habe.

„Er ________________ mir einen guten Rat", ________________ er zur Antwort,

„nie wieder ________________ ich mit Freunden zusammen ________________ ,

die sich in Gefahr so tapfer aus dem Staube ________________ ."

Unterstreiche alle Prädikate und bestimme ihre Zeitformen: Präsens, Perfekt, Präteritum oder Plusquamperfekt, Futur I oder II?

Ein reicher Mann hatte eine Frau, die erkrankte und starb.

Nachdem die Tochter einen ganzen Winter lang ihr Grab besucht und viel geweint hatte, heiratete der Vater eine neue Frau.

Die neue Frau brachte zwei Töchter mit in die Ehe, die sie kurz nach der Heirat mit ihrem ersten Mann geboren hatte.

Die drei quälten und erniedrigten das Mädchen, dem sie nach kurzer Zeit den Namen Aschenputtel gegeben hatten.

Schließlich besiegte sie Aschenputtel aber mithilfe eines Vogels, der ihr am Grab ihrer Mutter zugeflogen war.

Und wenn sie nicht gestorben sind, dann leben sie noch heute.

Die meisten Erwachsenen haben dieses Märchen in ihrem Leben schon einmal gelesen.

Deshalb lesen sie es auch immer wieder ihren Kindern vor.

Auch in der Zukunft werden noch viele Eltern dieses Märchen ihren Kindern erzählen.

Walt Disney hat aus dem Märchen den Film Cinderella gemacht, der heute manchmal noch in den Kinos läuft.

Bevor Disney das Drehbuch zum Film geschrieben hat, hatte er sich intensiv mit dem Märchen vom Aschenputtel beschäftigt.

Wenn die Proben zu einem Theaterstück über Aschenputtel an unserer Schule beendet sein werden, wird einige Tage später die Premiere stattfinden.

Präsens: ______________________________

Perfekt: ______________________________

____

Präteritum: ______________________________

____

Plusquamperfekt: ______________________________

____

Futur I: ______________________________

Futur II: ______________________________

13 ★★ **Josefine erzählt ihrer Mutter immer von ihrer besten Freundin Lisa. Setze passende Verben im richtigen Tempus ein.**

Josefine sagt: „Lisa und ich (a) ______________ gemeinsam in eine Klasse. Letztes Jahr (b) ______________ Lisa noch in Wittlich, bevor sie nach Berlin (c) ______________. Wittlich (d) ______________ viel, viel kleiner als Berlin. Da (e) ______________ sich alle Leute." Die Mutter, die Lisa noch gar nicht (f) ______________, antwortet: (g) „______________ Lisa doch einfach mal mit. Ich (h) ______________ doch wissen, wer deine beste Freundin (i) ______________. Ihr (j) ______________ einfach morgen nach der Schule gemeinsam hierher und abends (k) ______________ ich Lisa nach Hause."

14 ★★ **Setze die passende Zeitform des Verbs an der richtigen Stelle ein und bestimme diese.**

a) Ich euch nun eine Episode aus dem Leben von Pippi Langstrumpf (erzählen)

Ich erzähle (Präsens) euch nun eine Episode aus dem Leben von Pippi Langstrumpf.

b) Wenn ich sie (erzählen), ihr besser (verstehen), was für ein Mensch Pippi (sein)

___

___

c) Eines Tages zwei Polizisten zu Pippi (kommen)

___

d) Nachdem diese das Grundstück (betreten), sie Pippi (erblicken)

___

___

e) Sie Pippi in ein Kinderheim bringen (wollen)

___

f) Ein Kinderheim ein Haus für Kinder ohne Eltern (sein)

___

g) Weil Pippi noch nie eine Schule (besuchen), sie also auch endlich zur Schule gehen (sollen)

___

___

h) Einer der Polizisten Pippi fest am Arm (packen)

____

i) Jetzt es wirklich spannend (werden)

____

j) Wie die Geschichte weiter (gehen)?

____

k) Pippi die Polizisten an der Nase herum (führen)

____

l) Nachdem sie mit ihnen einige Zeit Katz und Maus (spielen), sie die beiden schließlich am Gürtel (packen) und sie auf die Straße hinaus (tragen)

____

____

____

____

m) Pippi sich ganz sicher (sein), dass die Polizei sie nie wieder (besuchen)

____

____

Lösungen

1 Das Verb

1 b) er sieht
d) sie schreit
g) er kommt
i) es steht
k) sie sagt

2 b) – 2. Pers. Singular
c) – 1. Pers. Plural
d) – 3. Pers. Singular

3 a) 3. Pers. Sg.
b) 3. Pers. Sg.
c) 3. Pers. Pl.
d) 1. Pers. Pl.
e) 2. Pers. Sg.

4 a) du liest
b) sie malen
c) wir trinken
d) er, sie, es isst
e) ich höre

5 Ich zeichne. – *zeichnen* ist ein Vollverb
Ich kann zeichnen. – *können* ist ein Modalverb
Ich werde zeichnen. – *werden* ist ein Hilfsverb

6 a) ist = Hilfsverb, darf = Modalverb
b) wird = Hilfsverb, sollten = Modalverb
c) kann, musst = Modalverben
d) muss, kann = Modalverben

7 a) hat (statt ist)
b) ist (statt hat)
c) sind (statt wird)
d) hat (statt sind)
e) wird (statt ist)
f) sind/haben (statt haben/sind)

8

klauen	klaute	geklaut
stehlen	stahl	gestohlen
entwenden	entwendete	entwendet

9 a) ja
b) nein
c) nein
d) ja
e) nein
f) ja
g) nein
h) ja

10 Nach dem letzten Schultag vor den Sommerferien **wirft** Kai seine Schultasche zunächst in eine Ecke, wo sie auch die nächste Zeit **bleiben** wird. Puh, er hat gerade noch einmal das Schuljahr **geschafft**. Nun **liegt** er auf seinem Bett. Draußen **regnet** es, und seine Stimmung **sinkt**. Soll er mit seinen Freunden ins Hallenbad **gehen** oder die nächsten Stunden vor dem Computer **sitzen**? Da **klingelt** das Telefon und sein großer Bruder **bittet** ihn, bei der Obsternte zu **helfen**.

Infinitiv	Präteritum	Perfekt
Starke Verben		
werfen	warf	geworfen
liegen	lag	gelegen
sinken	sank	gesunken
gehen	ging	gegangen
sitzen	saß	gesessen
bitten	bat	gebeten
helfen	half	geholfen
Schwache Verben		
schaffen	schaffte	geschafft
regnen	regnete	geregnet
klingeln	klingelte	geklingelt
Verb mit gemischter Konjugation		
bleiben	blieb	geblieben

2 Das Präsens

1 b) Der Hund bellt.
f) Die Menschen gehen spazieren.
g) Jetzt scheint die Sonne.

2

niesen:	lesen:
ich niese	ich lese
du niest	du liest
er/sie/es niest	er/sie/es liest
wir niesen	wir lesen
ihr niest	ihr lest
sie niesen	sie lesen

3 b) ihr rudert
c) du rätst
d) wir wissen
e) sie lächeln
f) ich springe

4 a) ich gehe
b) du gehst
c) es geht
d) wir gehen
e) ihr geht
f) sie gehen

5 a) Im Jahr 1879
b) Jedes Jahr im Sommer
c) In den nächsten Ferien
d) keine Zeitangabe
e) gerade eben
f) Nachher
g) schon im Jahr 1869
h) Gestern

1. Gegenwärtiges: e); 3. Zukünftiges: c), f);
2. Grundsätzliches und Wiederholungen: b), d)
4. Vergangenes und Spannungserzeugung: a), g), h);

6 a) schenken
b) schenke
c) schenkst
d) schenkt
e) schenken
f) schenken
g) schenkt

7 Tabelle von links nach rechts: ich schenke, du schenkst, er schenkt, wir schenken, ihr schenkt, sie schenken
Infinitiv: (sich) schenken

8 Wenn du eine tiefgefrorene Pizza **zubereitest**, **muss** zunächst der Backofen vorgeheizt sein. Wenn die Temperaturanzeige 250 Grad **angibt**, **schiebst** du die Pizza in den Ofen. Meine Gäste **bevorzugen** eine knusprige Pizza. Deswegen **gieße** ich immer etwas Öl auf den Belag. Erst wenn ich **sehe**, dass der Käse geschmolzen ist, hole ich die Pizza aus dem Ofen. Dann **stürzen** wir uns heißhungrig auf die Mahlzeit.

9 a) Anna geht mit dem Hund spazieren.
b) Mia fährt im August in Urlaub.
c) Leon bittet um Hilfe.
d) Felix lernt im Urlaub Surfen.

10 Berrit ist auf dem Schulweg, da sieht sie ein riesiges Auto um die Ecke fahren. Offenbar transportiert es sehr wichtige Personen zu einem Termin. Auf einmal hält das Auto dicht neben ihr, der Fahrer lässt die Scheibe herunter und fragt Berrit, wo die Konzerthalle ist. Berrit erinnert sich an die vielen Plakate in der Stadt. In der Limousine sitzt sicherlich die bekannte Band, die auf den Plakaten abgebildet ist.

3 Das Präteritum

1 a) richtig
b) falsch
c) falsch

2 Folgende Verben müssen markiert sein: war, wurden geweckt, krochen, zogen an, wunderten, durften, sollten, merkten, war, gewöhnten, konnten, machte, war, schien, aßen, las vor, wirkte, erlebten, schliefen

3 Verben im Präteritum: war, erfuhren, gab … auf, kam;
Verben in anderen Zeiten: fragt, antwortet, sollen herausfinden, sagt, weißt
→ Keine berühmte Person kam am 30. Februar 1975 zur Welt, da der Februar nur 28 Tage hat (bzw. 29, wenn es ein Schaltjahr ist).

4

Präsens	Präteritum	Grammatische Person
ihr kommt	**ihr kamt**	2. Person Plural
du bist	du warst	**2. Person Singular**
ihr wollt	ihr wolltet	**2. Person Plural**
ich bleibe	**ich blieb**	**1. Person Singular**
wir fahren	wir fuhren	**1. Person Plural**

5 b) ihr rudertet
c) du rietst
d) wir wussten
e) ich sprang

6

stark	schwach	unregelmäßig
du rietst	er träumte	wir wussten
ich sprang	ihr rudertet	

7 starke Verben: finden, liest, bekommt, verlässt
schwache Verben: hat, erzählt, holt, lachen
unregelmäßige Verben: denkt

8 Mein Vater hatte ein paar merkwürdige Gewohnheiten. Morgens dachte er sich unter der Dusche immer Witze aus. Wenn er sie dann am Frühstückstisch erzählte, fanden wir sie nicht immer komisch. Dann war er sauer und holte die Zeitung hervor. Meistens las er dann etwas Lustiges vor, und wenn wir dann darüber lachten, bekam er wieder gute Laune. Dann verließ er pfeifend das Haus.

9 a) An der Pinwand **hing** tagelang der veraltete Stundenplan. Dann erst **hängte** der Klassenlehrer den neuen auf.
b) Früher **erschreckte** mich meine Mutter häufig, wenn sie sagte: „In diesem Jahr fällt Weihnachten aus." Gestern **erschrak** ich, weil es nur noch eine Woche bis zum Fest ist und ich noch keine Geschenke gekauft habe.
c) Das Glück der Krieger **wendete** sich, und der König **wandte** sich an sie, um ihnen Mut zuzusprechen.

10 a) Die Arbeiter fällten den Baum und dann fielst du darüber.
b) Du beugtest das Nomen. Ich bog den Stahl.
c) Das Kind setzte sich auf den Stuhl. Dann saß es da und guckte.

11 Verben im Präsens: schaut an, erfährt, haben, liegt, ist, liest, läuft, erfährt
Verben im Präteritum: lebten, sah, hatten, herstellten

12 Mit diesen Verben musst du Sätze gebildet haben: lebten, sah, hatten, herstellten

13 a) Ganz früh am Morgen **ritten** wir mit unseren Pferden aus. Welch ein herrlicher **Ritt** über die grünen Wiesen!
b) Über einem Hindernis **riss** sich Brigitte die Hose auf. Den **Riss** nähte danach ihre Mutter mit einem Flicken zu.
c) Auf dem Turnierplatz **strichen** Anna und Lena die Hindernisse an. Der Trainer lobte sie: „Den **Anstrich** habt ihr gut hinbekommen."
d) Dabei **pfiff** er anerkennend durch die Zähne. Aber es war nur ein leiser **Pfiff**, den die anderen leider nicht hörten.
e) Im Stall **griff** Max dem Schimmel in die dicke Mähne. Aber den **Griff** bemerkte der Schimmel gar nicht.
f) Nur ein kleines Tierchen **floh** springend davon. Zum Glück gelang die Flucht.

14 Als wir neulich mit der Klasse im Theater (gewesen sind) **waren** und gerade eine ganz ruhige und spannende Szene **gespielt** (worden ist) **wurde**, (hat) **klingelte** auf einmal ein Handy (geklingelt). Die ganze Spannung (ist) **war** wie weggeblasen (gewesen), überall (ist) **wurde** in Hosentaschen und Jacken gesucht (worden), aber die Quelle des Klingeltons (hat) **ließ** sich irgendwie nicht finden (lassen).
Unsere Lehrerin (hat) **schaute** schon recht böse von einem Schüler zum anderen (geschaut), aber keiner (ist) **war** sich einer Schuld bewusst (gewesen). Nach einer Ewigkeit, so (ist) **kam** es mir zumindest vor (vorgekommen), (hat) **stieß** mich Felix, der neben mir (gesessen hat) **saß**, mit dem Ellenbogen in die Seite (gestoßen) und **zeigte** mit dem Finger auf die Bühne (gezeigt). Ganz im Hintergrund (hat) **sah** man da einen Schauspieler mit etwas in der Hand (gesehen) – eben mit einem Handy. „Da sind wir auf den Gag des Regisseurs ja ganz schön reingefallen", (habe) **flüsterte** ich Felix irgendwie erleichtert **zu** (zugeflüstert).

4 Das Perfekt

1 Betreute Feriencamps sind super. Hier können Kinder ohne ihre Eltern Urlaub machen. **Wir haben uns alle gut verstanden. Viele haben sogar richtig gute Freunde gefunden. Besonders die gemeinsamen Ausflüge haben Spaß gemacht.** Nächstes Jahr will ich wieder ins Feriencamp.

2 c), d), g)

3 a) Wir **haben** uns gerade eine Pizza warm **gemacht**, weil wir so großen Hunger haben.
b) Meine Katze hat eine Wunde am Fuß, weil sie in einen Dorn **getreten ist**. Sie **hat** sich aber sehr **gewehrt**, als ich ihn herausziehen wollte.
c) Mein Vater **hat** erst nicht **geglaubt**, dass ich heute zwei Tore **geschossen habe**. Aber jetzt ist er stolz auf mich.

4 Mir sitzt jetzt noch der Schreck in den Knochen. Denn glücklicherweise **hat** der Radfahrer noch **gebremst**. Benni **ist** zwar **hingefallen**, aber er **hat** nur einen Stoß an seiner Schulter **abbekommen**. Der Radler **ist** dann **weggerannt** und **hat** sein Rad **liegen gelassen**. Kurze Zeit später **ist** die Polizei **eingetroffen** und **hat** den Vorgang zu Protokoll **genommen**. Ich bin wirklich froh, dass die Sache so gut **ausgegangen ist**.

5 a) ich habe geschrieben
b) du bist gegangen
c) sie haben gelacht
d) wir sind gestiegen
e) ihr habt gerufen
f) sie ist gefahren

6 b) er ist verschwunden
c) wir haben verschlafen
d) du hast abgewaschen
e) ich bin gerutscht

7 Gestern habe ich einen Unfall **erlebt**. Ich bin gerade über den Zebrastreifen bei der Schule **gelaufen**, als ein Radfahrer herangerast kam. Ich bin schnell **zurückgesprungen**, aber Benni hat das Rad nicht so schnell **gesehen**.

8 a) kommentiert, kapiert
b) geärgert, geschrieben, geklärt
c) erklärt, erzählt, unterbrochen, entlarvt
d) vorgetäuscht, untergejubelt, eingeschlafen

9 a) Tom **hat** ein Glas mit Saft **umgeworfen**.
b) Lea **ist** in die Torte **gefallen**.
c) Nele **hat** sich mit Ketchup **bekleckert**.
d) Fynn **ist** gegen den Topf mit den Würstchen **gerannt**.
e) Kai **hat** sich in den Tomatensalat **gesetzt**.
f) Paula **hat** den Putzeimer über Rita **ausgeleert**.
g) Achmet **hat** den Tellerstapel **umgeworfen**.
h) Erik **ist** durch das Rosenbeet **getrampelt**.

10 a) Lara **hat** sich an der Tischdecke **festgehalten**.
b) Hanna **hat** Kerzenwachs auf den Teppich **geschüttet**.
c) Marie **hat** den Wellensittich **freigelassen**.
d) Lucas **ist** gegen die antike Vase **gelaufen**.

11 a) Ich **bin** ein Wortewurstler und Worteverdreher **gewesen**.
b) Ich **habe** die Geldgier eines Spitalbesitzers **entlarvt**.
c) Ich **habe** in einem Bienenkorb **geschlafen**.
d) Die Leute **haben** mich **ausgelacht**.
e) Ich **habe** mich an ihnen **gerächt**.

12 Meistertitel haben die Münchner Bayern am Fließband gesammelt. Der Lorbeer der Konkurrenz ist verwelkt. Titel in Serie: Keinem ist das bisher gelungen. Und keiner hat mehr Zuschauer begrüßt, keiner hat mehr verdient, keiner hat häufiger gewonnen und ist länger ungeschlagen geblieben. Der FC Bayern hat der Bundesliga Glanz verliehen. Was hat die Mannschaft dafür gekonnt, dass die Gegner so schwach auf der Brust gewesen sind? Gleich zu Beginn haben sich die Münchner an die Spitze gesetzt, zu früh, wie der Trainer gefunden hat.

5 Das Plusquamperfekt

1 a) falsch
b) richtig
c) richtig
d) falsch

2 a) er war gelaufen
c) es hatte geregnet
e) du warst gelaufen
h) sie hatten gesagt
j) du hattest geschlafen

3 b) richtig
f) richtig

4 a) du hattest gelesen
b) wir waren gerannt
c) ich hatte geholfen
d) ihr hattet gefroren
e) sie waren gegangen

5

Tempus:	Plusquamperfekt:
sie werden landen (Futur)	sie waren gelandet
er erspäht (Präsens)	er hatte erspäht
ich berechnete (Präteritum)	ich hatte berechnet
ihr werdet sehen (Futur)	ihr hattet gesehen
wir haben gehofft (Perfekt)	wir hatten gehofft
du zweifeltest (Präteritum)	du hattest gezweifelt

6 a) Bevor Tom das Saftglas umgeworfen hat, **hatte** er über Laras Witz **gelacht**.
b) Bevor Lea in die Torte gefallen ist, **hatte** sie Hanna auf die Schulter **geklopft**.
c) Nachdem Nele mit Leon **gemalt hatte**, hat sie sich mit Ketchup bekleckert.
d) Nachdem Fynn mit Marie den Wellensittich **gefüttert hatte**, ist er gegen den Würstchentopf gerannt.
e) Bevor sich Kai in den Tomatensalat gesetzt hat, **hatte** er mit Lucas die antike Vase **bewundert**.

7 a) Marie **hatte** den Wellensittich **freigelassen**.
b) Lucas **war** gegen die antike Vase **gelaufen**.
c) Kai **hatte** sich in den Tomatensalat **gesetzt**.
d) Nele **hatte** sich mit Ketchup **bekleckert**.

8 Kolumbus hatte sich hervorragende Kenntnisse über Navigation und Geografie erworben. Er hatte eigene Berechnungen angestellt. Er hatte dabei die Kugelgestalt der Erde berücksichtigt. Er war sich sicher gewesen, einen kürzeren Weg nach Indien errechnet zu haben. Er war zum spanischen Hof gereist, um dort Unterstützung zu erhalten. Er hatte drei Schiffe mit gut neunzig Mann ausgerüstet. Er hatte eine Fahrtdauer von etwa drei Wochen ausgerechnet.

9 Michael **war** richtig sauer. Er **hatte gejubelt**, als er endlich genug Geld **gespart hatte**, gestern ins Kaufhaus **gegangen war** und sich das ersehnte Computerspiel **gekauft hatte**. Und nun **ließ** sich das Spiel auf seinem Computer nicht starten. Der Verkäufer **hatte gesagt**, dass es ganz leicht zu installieren sei. Michael **hatte befolgt**, was die Installationshinweise **vorschrieben**. Er **wusste** schon gar nicht mehr, wie oft er auf „Start" **geklickt hatte**. Wie **konnte** er das neue Spiel auf seinem Rechner nur zum Laufen bringen?

10 a) Nachdem Sophie Reitstunde gehabt hatte, hat sie Besuch von Oma bekommen.
b) Nachdem David Handballtraining gehabt hatte, ist er zum Nachhilfeunterricht gegangen.

Besser werden mit dem täglichen 10-Minuten-Training!

- Kleine Lernportionen: In 10 Minuten das Wichtigste draufhaben
- Mit vielen Übungen zu einem Schlüsselthema
- Leichte und schwere Übungen für mehr Lernerfolg

Deutsch

Texte lesen und verstehen
5. Klasse
ISBN 978-3-12-927652-5

Diktate
5./6. Klasse
ISBN 978-3-12-927386-9

Groß- und Kleinschreibung
5./6. Klasse
ISBN 978-3-12-927516-0

Texte schreiben
5./6. Klasse
ISBN 978-3-12-927388-3

Wortarten
5./6. Klasse
ISBN 978-3-12-927517-7

Satzglieder bestimmen
5.–7. Klasse
ISBN 978-3-12-927592-4

Zeichensetzung
5.–7. Klasse
ISBN 978-3-12-927566-5

Zeiten
5.–7. Klasse
ISBN 978-3-12-927574-0

Inhaltsangabe
6.–8. Klasse
ISBN 978-3-12-927299-2

Texte lesen und verstehen
6. Klasse
ISBN 978-3-12-927658-7

Diktate
7./8. Klasse
ISBN 978-3-12-927565-8

Gedichte untersuchen
7./8. Klasse
ISBN 978-3-12-927561-0

Englisch

Lese- und Hörverstehen
5. Klasse
ISBN 978-3-12-927638-9

Simple Present und Present Progressive
5. Klasse
ISBN 978-3-12-927625-9

Erste englische Texte schreiben
5./6. Klasse
ISBN 978-3-12-927518-4

Lese- und Hörverstehen
6. Klasse
ISBN 978-3-12-927506-1

Relative Clauses
6./7. Klasse
ISBN 978-3-12-927505-4

Simple Past und Present Perfect
6./7. Klasse
ISBN 978-3-12-927392-0

If-Clauses
6.–8. Klasse
ISBN 978-3-12-927634-1

Direct Speech - Indirect Speech
7./8. Klasse
ISBN 978-3-12-927519-1

Mathematik

Grundrechenarten
5. Klasse
ISBN 978-3-12-927394-4

Kopfrechnen
5. Klasse
ISBN 978-3-12-927595-5

Textaufgaben
5. Klasse
ISBN 978-3-12-927573-3

Flächen- und Körperberechnungen
5./6. Klasse
ISBN 978-3-12-927507-8

Rechnen mit Brüchen
5./6. Klasse
ISBN 978-3-12-927395-1

Dezimalbrüche
6. Klasse
ISBN 978-3-12-927584-9

Dreisatz
6./7. Klasse
ISBN 978-3-12-927583-2

Prozente und Zinsen
6.–8. Klasse
ISBN 978-3-12-927396-8

Gleichungen lösen
7.–10. Klasse
ISBN 978-3-12-927618-1

Rechnen mit Termen
7./8. Klasse
ISBN 978-3-12-927528-3

Chemie

Rechnen in Chemie
7.–10. Klasse
ISBN 978-3-12-927593-1

Latein

Verben konjugieren
1./2. Lernjahr
ISBN 978-3-12-927659-4

Diese und weitere Lernhilfen sind im Buchhandel erhältlich.
Weitere Informationen unter **www.klett-lerntraining.de**